SAINT-GENEST

LETTRE

SUR

LA SITUATION

TROISIÈME ÉDITION.

PARIS

LIBRAIRIE GÉNÉRALE

DÉPOT CENTRAL DES ÉDITEURS

72, BOULEVARD HAUSSMANN ET RUE DU HAVRE

VERSAILLES | BRUXELLES
CHEZ BERNARD | OFFICE DE PUBLICITÉ

1872

SAINT - GENEST

LETTRE

SUR

LA SITUATION

PARIS

LIBRAIRIE GÉNÉRALE

DÉPOT CENTRAL DES ÉDITEURS

72, BOULEVARD HAUSSMANN ET RUE DU HAVRE

| VERSAILLES | BRUXELLES |
| CHEZ A. BERNARD | OFFICE DE PUBLICITÉ |

1872

Monsieur,

La France vient d'entendre le Message de M. le Président de la République ; et, tout d'abord, il faut avouer que ce Message est vraiment admirable.... « C'est un grand spectacle, dit un de nos écrivains célèbres, que celui de ce vieillard, qui, au milieu des périls d'une situation troublée et chancelante, sous le feu des partis et sous l'épée de l'étranger, vient avec cette sérénité, cette simplicité superbe et cette modestie fière, rendre compte à l'Assemblée souveraine des affaires du pays... »

Oui, ce langage est magnifique, et cette intelligence sera une des merveilles de notre temps. Aussi, il faut savoir se dégager d'une irrésistible séduction pour juger les choses véritablement extraordinaires que ce discours nous a fait entendre.

Après avoir arbitrairement proclamé la République devant les partisans de la monarchie, au nom de la trêve des partis et de l'apaisement des esprits ; après avoir fait appel à la *vraie majorité*, qui n'est plus celle de la Chambre, mais bien celle qui remplit nos municipalités de révolutionnaires et d'émeutiers; après avoir fait le saisissant tableau d'un pays roulant sans cesse du despotisme à l'anarchie — sans songer, peut-être, à ce que devient un pays qui a l'anarchie et le despotisme tout ensemble — M. Thiers nous a parlé de l'ordre; de ce qu'il entend par l'ordre...

Et l'ordre, paraît-il, c'est ce que nous avons depuis deux ans....

Mais, il y a quelque chose de plus extraordinaire encore que les paroles du Message, c'est l'accueil fait à ce Message même.

Phénomène étrange, et que nous avons déjà observé, quand M. Thiers parle d'ordre et flétrit l'anarchie, ce sont les hommes de désordre qui applaudissent; quand il parle d'un gouvernement conservateur, ce sont les révolutionnaires qui acclament; quand il recule, ils se rapprochent; quand il les blâme, ils courbent la tête; quand il les abandonne, ils le poursuivent... en un mot, il semble que ces hommes ne veulent pas le lâcher !...

C'est là que se trouve, selon moi, la vraie situation. Les paroles ne sont rien. Sous tous les gouvernements elles ont été les mêmes, et les hommes sérieux ne doivent s'occuper que des faits. Aujourd'hui, comme autrefois, le peuple français a eu cette joie de s'entendre dire que tout était au mieux, et qu'il était le plus admirable du monde.

Et même, si ce peuple avait été capable de remords, il en serait désormais délivré en apprenant les efforts qu'il a faits « *pour réparer des fautes qu'il n'avait pas commises.* » Car, aux grands applaudissements des révolutionnaires, M. Thiers est venu nous dire que la nation, innocente et frappée, excitait en ce moment l'admiration du monde entier.

Je ne sais si l'Assemblée a le droit de répondre au Message du Président, mais, je crois que pour les citoyens de bonne volonté, c'est l'heure de jeter un coup d'œil sur la situation, et de voir ce qui a été fait, ce qui reste à faire.

On m'avertit que certains dangers menacent la presse de l'ordre et que ce n'est plus dans un journal qu'il est permis de dire toute sa pensée.

La chose me paraît difficile à croire. Voici plus d'une année que nous lisons dans les feuilles révolutionnaires que : *Blanqui est le Christ moderne... que Delescluze est l'honneur de la nation, comme Rossel est l'honneur de l'armée...*

Voici plus d'une année que nos braves généraux sont condamnés par les ministres de septembre à protéger de leur épée les écrits odieux qui menacent la famille, la religion et la société !

Et après cela, le gouvernement viendrait dire aux écrivains qui toujours ont respecté la loi : flattez-moi, ou je brise votre plume. Le fait me paraît si

monstrueux, que, quelque opinion que j'aie des ministres de septembre, je me refuse encore à le croire.

Néanmoins, pour avoir seul la responsabilité de
mes paroles, je viens vous dire ici, Monsieur, ce que
je pense sur l'état de notre cher pays.

Agréez.....

SAINT-GENEST.

LETTRE

SUR

LA SITUATION

I

Donc, après trois mois d'absence, voici les représentants de l'Assemblée souveraine, réunis dans le palais de Versailles.

Cet interrègne a dû être une chose heureuse. Dans le cours de leurs séances, les députés ardents à la lutte, étourdis dans la mêlée, avaient perdu peu à peu le sentiment de la réalité. Loin d'être éclairés par la nation, ils n'entendaient partout que l'écho de leurs passions, et la voix de la raison n'arrivait plus jusqu'à eux.

Depuis qu'ils sont sortis de l'arène, la fumée qui obscurcissait leur esprit a dû se dissiper, et ils ont pu considérer le champ où ils ont perdu la bataille.

Car, jamais partie plus belle n'a été aussi complétement perdue, et on a pu répéter la parole célèbre : Il ne reste plus une seule faute à commettre.

J'ai eu le triste honneur d'avertir les députés à chacune de ces fautes et d'en prédire les conséquences. Aujourd'hui, je ne reviens pas sur le mal accompli.

J'estime que, lorsqu'on a la Commune à Paris et les Prussiens à Châlons, c'est une dangereuse satisfaction que de se complaire dans les récriminations.

L'écrivain qui aime son pays, doit l'avertir avec passion, tant que la faute n'est pas commise..... puis, s'il n'a pas été écouté, ne plus tourner la tète, regarder en avant et n'avoir qu'une pensée, une seule, empêcher les fautes nouvelles.

Seulement, s'il est indigne de revenir sur le chemin parcouru pour en faire un nouveau champ de bataille, il faut savoir l'examiner en face avant de se remettre en route.

En réalité, quel a été l'enchaînement des faits qui nous ont conduits là où nous sommes?

Le 28 mai, à l'entrée des troupes à Paris, la révolution était écrasée, et le parti de l'ordre triomphant. C'était la troisième fois depuis le commencement de ce siècle.

Le Premier Consul, après la grande révolution, Cavaignac et Bonaparte après les journées de Juin, avaient reçu la mission de rétablir l'ordre ; mission terrible et facile à la fois, car, aussi bien dans la politique que dans la nature, le chaos ne peut être de longue durée, et les dictateurs amenés par les forfaits de nos républiques sont plutôt forcés de résister à la réaction que d'y entraîner la nation.

Or, cette fois, la besogne était plus facile encore : prise en flagrant délit de meurtre, d'incendie et de pillage, la révolution se voyait enchaînée pour longtemps. Ayant tout fait, elle s'attendait à tout.

Plus misérable que jamais, elle avait ajouté à ses forfaits ordinaires la trahison devant l'ennemi ; la trahison et l'infamie que Danton et Robespierre ne nous avaient pas fait connaître.

La Révolution avait trahi le 4 septembre, le 31 octobre, le 18 mars. Elle avait trahi à Lyon, à Marseille comme à Paris, et elle était si bien l'alliée de l'étranger, qu'après huit mois de massacres et d'horreurs, le jour où le roi de Prusse avait voulu donner à son armée un magnifique spectacle, il avait demandé cent mille valets pour incendier la capitale de la France et renverser le bronze d'Iéna, et ces cent mille valets, il les avait trouvés de suite dans le parti républicain ; de sorte que les descendants de 92 ne nous apparaissaient plus que comme les aides du bourreau allemand.

Dans cette chute effroyable, hommes de Septembre, républicains modérés, doctrinaires de la démocratie, honteux de certaines alliances, de certains compromis, écrasés sous le poids des crimes qu'ils n'avaient pas commis, mais dont ils étaient complices, les pieds pris dans cette fange et dans ce sang, tous étaient tombés à genoux... Le *Siècle* demandait grâce; Gambetta restait caché sous les orangers d'Espagne, et rien n'égalait l'audace et les crimes de la veille, si ce n'est la terreur et la lâcheté du lendemain...

. . . .

Il y a un an et demi de ces choses, et à l'heure où je parle, ces mêmes révolutionnaires marchent la tête haute, bravent la conscience publique, et célèbrent leurs exploits et dans leurs écrits et dans leurs discours. Princes, députés de l'Assemblée, honnêtes gens de tous les partis, sont en pleine déroute et en pleine confusion.

En un mot, ce qui ne s'était jamais vu, ni en 93, ni en 48, c'est le parti de l'ordre qui succombe dans son triomphe, c'est la Révolution qui triomphe dans ses forfaits.

Comment une pareille situation s'est-elle produite? quelle suite incalculable de fautes, de démences, a pu nous faire perdre le fruit d'une victoire si chèrement achetée?

Avant tout, rendons justice aux révolutionnaires, ils ne

sont pour rien dans leur succès. Épouvantés d'eux-mêmes et des autres, ils sont restés blottis dans l'ombre, comme des malfaiteurs qui ne peuvent douter du châtiment. Puis, ils ont regardé... et ils ont attendu.....

C'est alors qu'ils ont vu quelque chose d'étrange ! au lieu d'un chef de pouvoir, exécuteur des hautes œuvres de la patrie, plongeant le fer dans la plaie, ils ont vu arriver, à la lueur de nos palais incendiés, un vieillard habile qui, mettant la main sur l'épée de nos généraux, leur a dit : «Arrêtez, arrêtez !... que les méchants serassurent !... je ne veux pas faire de la force, je veux faire de la légalité ! »

Alors, il se sont regardés avec stupeur... mais ils n'ont pas osé encore sortir de l'ombre où ils étaient cachés.

Devant un tel péril, l'Assemblée est entrée en scène, et on a cru qu'étant souveraine elle allait imposer sa volonté. Mais, au lieu de se présenter de front, unie et compacte, elle a choisi l'heure même de la lutte pour se diviser.

Après avoir dit aux hommes de Décembre : « Arrière ! nous ne voulons pas faire de l'ordre avec vous, » les partisans de la maison de France se sont violemment séparés. Il y a eu les fidèles du droit divin, les hommes de la fusion, les hommes de 1830, et une fois en guerre entre eux, divisés et amoindris, ils sont venus attaquer le président.

M. Thiers, voyant arriver ces colonnes de tous les points de l'horizon, s'est dit : Voilà des hommes en démence ! il n'y a rien à faire avec des fous !... Et se retournant vers les forbans qui ne pouvaient croire encore à leur impunité : Voulez-vous me soutenir ? dit-il. Si vous me jurez fidélité, je vous prends à mon service. Vous êtes compromis dans tous les forfaits ; servez-moi bien et je vous sauve. Mais je veux un service aveugle ; quand je commanderai vous obéirez sans vous soucier de votre passé, de vos principes, de vos serments...

Et, comme les malfaiteurs qui obtiennent leur grâce en s'enrôlant dans la police, les révolutionnaires, émerveillés

d'une telle aventure, sont venus se ranger derrière le Président, attendant ses ordres, chantant ses louanges, et ap-
plaudissant aux endroits qu'il leur indiquait ; de sorte que
lorsqu'il se voyait attaqué par les fous, il n'avait qu'à faire
un signe aux coquins qui venaient immédiatement se serrer
près de lui.

Alors, exaspérés d'un scandale qu'ils avaient fait naître,
les hommes du parti de l'ordre se sont agités avec furie ;
les uns s'élançant à la tribune pour crier : Vive le roi!...
les autres invoquant le duc d'Aumale, ceux-ci rappelant
l'homme de Décembre... tous se disant royalistes sans
pouvoir s'entendre sur un roi, déployant leurs drapeaux
sans espoir d'en faire triompher un, s'attaquant entre eux
et attaquant M. Thiers, qui, toujours soutenu par la Révolution, ne poursuivait qu'une chose : son ennemi, le bona-
partisme.

Alors, les révolutionnaires ont repris confiance ; et, de
tous les coins de la France ils sont rentrés en scène. Le
Siècle a relevé la tête, Gambetta est sorti de son bois
d'orangers, les membres de la Commune sont redevenus
candidats, Paris s'est retrouvé la grande ville de la grande
Révolution, et tandis que, les uns après les autres, tous ces
hommes reparaissaient au scandale de la France et de l'Europe, on voyait ce Président et cette Assemblée, face à face,
disputant, discourant, se paralysant l'un l'autre, et dépen-
sant leur intelligence, leur énergie et les forces vives de la
nation à neutraliser leur pouvoir.

L'Assemblée préparait dans l'ombre des manifestes royalistes qui ne pouvaient mener à rien, M. Thiers lui répon-
dait par des lois étranges qui n'aboutissaient pas davantage, mais, en face desquelles la Chambre effrayée formait
à la hâte un nouveau groupe monarchique que M. Thiers
passait ensuite son temps à miner et à dissoudre, et quand
brusquement il menaçait de se retirer, tous ceux qui lui fai-
saient la guerre tombaient à ses pieds affolés d'épouvante,
en le suppliant de rester.

Alors, les révolutionnaires se sont dit : « Avec de pareils adversaires, nous n'avons rien à craindre ; tâchons de ressaisir le pouvoir !... » Et, désormais, leur audace n'a plus connu des bornes : on a vu les incendiaires administrer la cité qu'ils avaient brûlée, les assassins braver leurs victimes, et les sinistres bateleurs recommencer leurs parades à travers nos populations épouvantées.....

De jour en jour la mêlée devient plus ardente, et bientôt, dans la lutte, comme des troupes qui font des changements de front, voilà tous les rôles intervertis : la démocratie soutient ce qu'elle a toujours combattu ; la droite attaque ce qu'elle a toujours défendu ; les fidèles du droit divin tendent la main aux partisans de Bonaparte pour frapper ensemble sur les princes d'Orléans, lesquels acceptent l'appui des républicains modérés pour frapper sur les hommes de décembre.

D'aucun côté il n'y a plus de conscience, de sens moral, de pudeur, ou plutôt il n'y a plus de France, plus de patrie, plus rien !...

Et, à la dernière séance de Versailles, on voit dans le tableau final, comme un apothéose : Un vieillard triomphant qui se tient en équilibre sur un tas de ruines, son balancier à la main... dans l'arène, les honnêtes gens battus... les coquins qui applaudissent... Le rideau tombe !

..... Puis, du nord, je ne sais quelle menace se fait entendre.... Vainqueurs et vaincus se regardent, et on se dit :Tiens! les Prussiens sont encore à Châlons !...

II

Tels sont les faits à la suite desquels le parti de l'ordre a succombé. Mais avant de détourner nos yeux de ce triste champ de bataille, voyons la situation faite à chacun par cet inexplicable désastre. D'abord, la situation des princes, puis celle du pouvoir ; et voyons surtout l'état de la nation.

Pour les princes, il y a des différences à faire : si tous ont failli à leur devoir, si tous ont oublié le pays, on peut dire que, certains d'entre eux portent seuls le poids des fautes commises.

Au lieu d'imiter le fondateur de sa race, Henri V a laissé la France se débattre au fond de l'abîme, et le jour où, peut-être, il pouvait la sauver, il a mis son honneur à s'envelopper seul dans les plis du drapeau de Henri IV.

Mais, s'il a fait du mal à la France, il ne s'en est pas fait à lui-même ; et il mourra tout entier, restant dans l'histoire comme une belle et grande figure, respecté de ce peuple même qu'il n'a pas voulu sauver.

Les princes d'Orléans, au contraire, que certains ennemis croient trop habiles, et que je crois, moi, trop honnêtes et trop naïfs, ont été les victimes de ces tristes événements ;

et l'on peut dire que le mal qu'ils ont fait à la France n'est rien au prix de celui qu'ils se sont fait à eux-mêmes.

Ils pouvaient être pour nous une suprême espérance, et, tombant dans tous les piéges qui leur ont été tendus, ils se sont laissé diminuer, amoindrir, et par la folie de leurs partisans, et par les perfidies du pouvoir.

On les a menés à l'Assemblée, où, ne pouvant voter que dans les questions secondaires, ils étaient obligés de sortir dès que l'intérêt de la France était en jeu ; et les jours où ils ne sortaient pas, on les voyait marcher l'un avec la gauche, l'autre avec la droite.

Au lendemain même de notre ruine, on s'est empressé de redemander à la nation des biens qui ne leur sont pas encore rendus, et pour diminuer le prestige d'une campagne héroïque, on les a couverts de grades dans une armée républicaine, où les plus vaillants se voient dégradés.

Pauvres princes, si honnêtes, si aimés de tous ceux qui les approchent, après vingt-trois ans d'exil, perdre en quelques jours une si haute situation !... Qui donc les conseille ? Qui donc veut les perdre ?

Quant à l'empereur Napoléon, les fautes ont été d'une autre nature : il a oublié que dans sa race on ne peut venir qu'au lendemain de grands cataclysmes, mais de cataclysmes qu'on n'a pas amenés soi-même.

Il a oublié que la véritable conspiration bonapartiste, c'était la conspiration révolutionnaire, et que s'il voulait créer des journaux, c'étaient des feuilles telles que *le Corsaire* et *le Rappel;* attendu qu'on peut assez épouvanter la nation pour la faire tomber aux pieds d'un dictateur, mais qu'on ne peut troubler sa conscience au point de lui faire oublier le Mexique et l'invasion.

Et cependant, quelles que soient les fautes commises, le mal n'a pas été grand ; car, pour les Bonaparte, le sort s'est montré si rude, qu'un régime écroulé à Sedan n'avait vraiment plus rien à perdre.

Ainsi donc, résumant la situation : Henri V est resté debout ne voulant pas se baisser pour relever la France ; l'empereur est resté à terre ne pouvant ni se relever ni relever le pays ; seuls les princes d'Orléans ont eu le malheur singulier de s'abaisser eux-mêmes sans relever la nation.

Après la situation des vaincus, disons celle du vainqueur :

M. Thiers est une organisation merveilleuse. Il a l'intelligence, la sagacité, l'expérience des hommes et des choses, un patriotisme vrai, un savoir infini.

Il a entrepris une grande œuvre : il a vaincu la Commune, il a réorganisé notre armée ; et, en réalité, tout ce qui a été fait depuis nos désastres a été fait par lui.

Maintenant, il faut tout dire :

Le sens moral, cette chose que n'avait pas l'Empire, M. Thiers ne l'a pas davantage. C'est un équilibriste de premier ordre, un diplomate merveilleux ; mais quand on n'a pas le sens moral, on ne peut pas relever une nation.

Pour M. Thiers, tous les moyens sont bons. Ils se demande simplement si une chose peut réussir ; il ne se demande jamais si cette chose est honnête. Par-dessus tout, c'est un révolutionnaire qui a sapé tous les gouvernements, et qui, après avoir fait de l'opposition aux autres, s'en fait aujourd'hui à lui-même.

Ayant passé sa vie dans les compromis, les intrigues et les conspirations, cet homme a un pouvoir dissolvant que rien n'égale. Peu à peu, entre ses mains, l'Assemblée s'est émiettée, les caractères ont fléchi, le parti de l'ordre est tombé en poussière, et on peut dire que si cette mer-

veilleuse intelligence est à la hauteur de toutes les difficul-
tés, cette âme n'est vraiment pas à la hauteur des désastres
de la France.

Au lendemain de Sedan, comme tant d'autres, j'avais
pensé qu'une certaine corruption venait du régime tombé ;
je l'avais pensé, mais je n'avais point voulu le dire, pour
ne pas plaire à cette misérable opinion qui se précipite
comme une furie sur les vaincus.

Aujourd'hui, je ne pense plus ces choses ; et je suis bien
forcé de reconnaître que s'il y a plus d'habileté et plus de
despotisme, il n'y a pas moins de corruption. Cela se passe
autrement, mais, au fond, c'est toujours la même chose.

En politique, on revoit les mêmes faveurs, les mêmes
injustices, les mêmes concessions inavouées, les mêmes
moyens clandestins.... Dans la littérature et les théâtres,
on retrouve les mêmes orgies, les mêmes scandales, avec
cette différence, que, peut-être, ils n'ont jamais été si
grands.

Jadis, l'Empire avait les pieds pris dans le sang de décembre ; aujourd'hui, le pouvoir s'enfonce dans la boue de
septembre.

Jadis, l'Empereur se servait des aventuriers qu'il avait
ramenés d'exil ; aujourd'hui, M. Thiers se sert des révolutionnaires et des hommes tarés qui veulent bien se ral-
lier à sa cause.

Jadis, l'Empire avait une haine : les d'Orléans ; haine
implacable, haine sans merci, et véritablement bien scan-
daleuse ; car tout ce que le conspirateur de Boulogne pouvait leur reprocher, c'était de lui avoir laissé la vie.

Aujourd'hui, M. Thiers a la même haine contre les
Bonaparte ; et sans songer à cette armée qui le protége, à
ces fonctionnaires qui le servent, il s'y donne tout entier.
Haine si aveugle, qu'elle lui fait commettre des choses qui
ne sont pas plus criminelles, mais qui sont, certainement, plus extraordinaires que tout ce qu'a pu faire l'Empire.

Il y avait un prince qui, à tort ou à raison, était sévèrement jugé par la nation. Ce prince avait comme un reflet révolutionnaire et athée; les armées de Crimée et d'Italie disaient ne l'avoir jamais vu au feu... Je ne puis tout dire, parce qu'il est en exil, mais, ce qu'il y a de certain, c'est que s'il avait traversé naguère les camps de Satory et de Rocancourt, il n'aurait pas réuni cinq soldats derrière lui.

Eh bien! ce prince a été arrêté avec sa femme, qui est une fille de roi; il a été arrêté au mépris des lois de son pays, au scandale de la France, à la stupeur de l'Europe; et le vertige du pouvoir est tel que M. Thiers a osé répondre : Je respecte la loi quand il s'agit d'un révolutionnaire qui vient troubler la nation et jeter l'épouvante, en face même de l'étranger, mais, je la viole quand il s'agit d'un homme que je considère comme mon ennemi personnel.

Je sais que de grands politiques, ne s'arrêtant pas à ces scandales, admirent en M. Thiers ce merveilleux jeu d'équilibre, qui lui a donné le pouvoir absolu, et lui fait contenir tous les partis, même celui qui ne recule devant rien.

Seulement, il y a une chose que l'on oublie : c'est que, pendant que M. Thiers se donne à ce jeu, le poison qu'il a laissé dans la plaie s'infiltre lentement dans le corps social, et que, si tant d'habileté et d'équilibre nous gouvernent longtemps encore, la France s'en ira peu à peu en décomposition...! Si bien que, dès aujourd'hui, M. Thiers a ce malheur suprême, que, lorsqu'il parle du respect de l'ordre et du respect de Dieu, ces mots prennent dans sa bouche un sens si étrange que ce sont les athées et les complices de la Commune qui applaudissent à grands cris.

III

Cela est triste me direz-vous ! Oui, cela est triste ! mais, croyez-moi, poursuivons, ayons le courage d'envisager la plaie, pour chercher le salut. Et, ce qui me reste à dire est plus cruel encore, puisque c'est de la nation qu'il me faut parler.

Quant aux radicaux, je n'en dirai rien ; les considérant, partout et toujours , comme hors de cause : nés dans le crime, marchant vers le crime, ne pouvant vivre que par le crime, je ne les attaque point, et ne comprends pas qu'on les outrage.

Il n'y a pas à reprocher à ces hommes leurs forfaits, puisque ces forfaits sont l'essence même de leur parti ; et, au lieu de perdre son temps à demander aux coquins pourquoi ils font le mal, il faut demander aux honnêtes gens comment ils laissent faire les coquins.

Ne m'arrêtant pas à ces hommes, je viens donc à la nation ; la nation, qui est le principal objet de cette brochure ; car, c'est dans la nation que se trouve et le danger et le salut :

On peut se passer des princes, on peut nommer une autre Assemblée, on peut changer le gouvernement, on peut enchaîner les révolutionnaires ; mais tant que la nation sera la même, le mal sera toujours aussi grand.

Cette nation a été frappée, justement frappée, parce qu'elle était coupable. A-t-elle compris la leçon ?... Non !

Jusqu'ici elle n'a vu que la corruption, les vices, les crimes de ses gouvernements, elle n'a pas encore vu les siens. Elle était légère, présomptueuse, démoralisée ; elle avait besoin de se retremper dans le malheur ; et, pour l'avertir, Dieu n'a pas ménagé ses coups. Il a réuni dans l'année terrible les deux plus grands fléaux de l'histoire : 93 et Waterloo.

Mais elle n'accepte pas le châtiment ; elle ne veut point courber la tête ; elle se redresse, elle s'agite, elle se démène, cherchant partout des victimes, criant : « Je suis la grande nation ! Voilà les coupables ! Ceux qui m'ont trompée, ceux qui m'ont corrompue... »

Et, comme en même temps elle continue ses folies, l'édifice ne cesse de s'effondrer sur sa tête... République, Commune, infamies et trahisons ! Les coups de foudre se succèdent sans relâche...

Mais, à peine l'édifice écroulé, chacun sort à la hâte de dessous les décombres, secouant sa poussière, et cherchant encore à prouver qu'il n'est pour rien dans cet effondrement.

Et alors toute la multitude qui n'a pas été directement frappée continue de s'agiter fiévreusement ; et, loin de ramasser les blessés, fond sur eux en criant : « Les traîtres ! Les misérables !... Empereur, maréchaux, Jules Favre, Gambetta, Ducrot, Trochu, d'Aurelles... qu'ils soient à jamais maudits ! ce sont les victimes expiatoires qui s'engraissent de nos forfaits ! »

Jules Favre, surtout Jules Favre, on ne sait pourquoi !... C'est comme le grand bouc du cimetière de Sion ! Il porte les crimes et des morts et des vivants ! Aujourd'hui qu'on s'est fatigué de tourner et retourner le cadavre de l'Empire, tout le monde le pourchasse! C'est une rage, une furie!

On a attaché Laluyé à ses flancs... démocrates et réactionnaires, libéraux et communeux, tous s'acharnent après le bouc!.. Quand on le voit passer, de tous côtés on accourt à grands cris... Les monarchistes le signalent aux républicains; et laissant en repos les Picard et les Simon, qui nous bravent au pouvoir, ils frappent sur cet homme parce qu'il est à terre.

Entendez-vous son ancien complice, le dictateur, qui le livre en pâture aux populations du Midi?

Cette bande d'aventuriers, qui n'a pas encore trouvé un cri contre la Commune, se voile la tête avec des paroles d'indignation superbe.

Et l'Europe se regarde, et dit : Au milieu de tous les traîtres de septembre, pourquoi le peuple a-t-il été chercher celui-là? Pourquoi cet homme est-il trainé au pilori, quand on nous fait cet affront suprême de nous envoyer ses complices comme ambassadeurs? Et par quelle démence souffre-t-on les assassins en liberté, les incendiaires impunis, pour s'acharner après certains coupables?

— Laissez, laissez! crie le Prussien ; ils continuent notre œuvre. Voyez-les!... ils confondent dans la même haine et ceux qui ont trahi leur pays, et ceux qui l'ont défendu!

Chefs d'armées, commandants de forteresses, maréchaux de France, tous sont atteints!... Que reste-t-il là?... Le nom d'un général respecté, la statue d'une ville héroïque? Renversons-les!... L'armée de Metz?... Il faut la déshonorer!...

Puis, tous les événements bien connus, et l'histoire terminée, chacun se saisit d'une victime et lui démontre ce qu'elle aurait dû faire. Comme à sa place nous aurions sauvé la France! Quelle belle retraite nous aurions faite à Rœischoffen! Quelle trouée à Sedan! Quelles victoires nous aurions remportées avec d'autres chefs! Car, ministres et généraux, tout le monde est coupable ; mais nous peuple français, nous sommes toujours le premier peuple du monde !

Ah ! si au milieu de ces mensonges et de cet oubli de nous-mêmes, si, tout à coup, la vérité apparaissait en lettres de feu comme au festin de Balthazar ! Si, aujourd'hui que chacun de nous s'est arrangé un rôle factice dans une histoire terminée, nous voyions éclater sur la muraille tout ce que nous avons dit, tout ce que nous avons écrit, tout ce que nous avons pensé !... Et nos folles espérances et nos illusions, et nos complicités !...

Et la vision continuant, si nous apercevions ce que chacun aurait fait à la place des hommes qu'il accable aujourd'hui !... Ce qu'il aurait fait, si, au lieu de diriger des armées deux ans après une guerre finie et de donner des conseils au lendemain des désastres, il avait été obligé d'agir dans la fièvre du moment et à travers les illusions du jour !

Et, par-dessus tout, si les caractères de feu traçaient sur la terrible muraille les noms de tous les doctrinaires, de tous les démocrates et de tous les républicains, qui, à l'exemple de Prévost-Paradol et d'Émile Ollivier, auraient servi l'Empire et sa corruption, si cet Empire avait été triomphant !...

Ah! comme au lieu de lapider, chacun s'en retournerait la tête basse, sa pierre à la main !...

Mais, quelle espérance pouvons-nous conserver, quand, au lieu d'entendre un haut et ferme langage, seul capable de relever la nation, on voit le chef du pouvoir lui-même qui, dans un admirable discours, vient la flatter misérablement.

IV

Pauvre France ! Jamais situation n'a été plus grave !
Princes qui se sont amoindris, ou qui se sont rendus im-
possibles ; parti de l'ordre mis en déroute parce qu'il était
divisé ; pouvoir qui ne se maintient en équilibre qu'en ache-
vant de démoraliser la nation ; nation, elle-même, prise de
vertige, qui, au lieu d'élever son âme à la hauteur de son in-
fortune, se refuse à reconnaître ses fautes..... tout le monde
est coupable, tout le monde est frappé !

Je sais qu'il se rencontre des hommes pour trouver inva-
riablement que tout est au mieux. Ces hommes parlaient
ainsi la veille des journées de Juin, le matin de Frœschwiller
et le jour même de la Commune. Ce sont les optimistes ;
c'est-à-dire, la pire race qui soit au monde; dangereux
rêveurs, qui endorment le peuple, et le conduisent tout
doucement jusqu'au bord du précipice...

Aujourd'hui, la tâche leur est facile, car le succès de
l'emprunt a comme enivré la France. Se sentant soulevée
par cet or, elle a eu l'illusion qu'elle se relevait elle-même,
et elle a cru que l'étranger admirait sa résurrection, alors
que l'étranger enviait seulement sa richesse.

Cette victoire sans combat est certainement un malheur !
Après Iéna, la Prusse a souffert, la Prusse a lutté. Nous,
du fond de l'abîme, nous avons dit à ce sol béni : Sauve-

nous ! et nous sommes restés attachés à nos passions :
haines, vengeances, ambitions, intérêts, nous n'avons rien
sacrifié !

Misérables et corrompus, nous avons dit au gouvernement : Relève-nous ! et nous avons continué la même vie ;
retournant aux mêmes théâtres, lisant les mêmes livres, et
usant notre temps à jeter l'anathème sur les régimes tombés, et à attendre le salut du régime présent.

Il n'y a pas eu un effort ; nous n'avons rien fait, rien sacrifié ! c'est une résurrection factice, qui s'est faite en de-
hors de nous, ou plutôt malgré nous, et tout cet or n'est
qu'une enveloppe brillante qui recouvre un peuple en décomposition.

. . . . . . Et maintenant, me direz-vous avec impa-
tience, vous nous avez assez montré la plaie ; que faut-il
faire ? où est le salut ?.. Ce qu'il faut faire ? ah ! voilà près de
deux ans que je vous le répète. Mais, avant de vous le re-
dire encore, je veux répondre à une objection qui est un
des grands périls de la situation présente.

Comment ! s'écrient les honnêtes gens, vous qui parlez
de conscience et de sens moral, vous venez nous reprocher
d'avoir repoussé certains compromis, et de nous être re-
fusés à certaines indulgences ? comment ! vous osez demander aux fidèles de la monarchie de tendre la main aux
hommes du coup d'État pour soutenir un pouvoir né de la
trahison de septembre, alors que vous reconnaissez vous-
même et la corruption du régime tombé, et la corruption
du régime présent ?

Voilà l'erreur, l'erreur éternelle, qui jusqu'ici a égaré
les honnêtes gens : l'Empire était corrompu, disent-ils, donc
pas d'alliance avec les partisans de l'Empire. M. Thiers est
un révolutionnaire, donc, pas de soutien pour M. Thiers.

D'abord, je pourrais répondre qu'avant tout, le devoir d'un peuple, c'est de ne pas mourir ; et qu'en ce moment, nous n'avons point le choix du salut.

Puis j'ai autre chose à dire, qui déplaira sans doute à la plupart de mes lecteurs, mais qui se rattache aux considérations que j'exposais tout à l'heure: Mon principe est celui de M. de Maistre : « Un peuple n'a jamais que le gouvernement qu'il mérite. »

Je viens de me montrer sévère pour M. Thiers parce qu'au-dessus de tout je crois qu'il faut dire la vérité ; mais qu'on ne se méprenne pas sur mes paroles, et qu'on n'y voie pas un pamphlet. Un pamphlet, aucun de nous n'a le droit de le faire.

M. Thiers est un révolutionnaire qui n'a ni élévation, ni sens moral, mais nous sommes condamnés à le soutenir ; nous devons nous estimer heureux d'avoir rencontré cette merveilleuse intelligence au service d'un patriotisme vrai, car, peuple révolutionnaire et corrompu, peuple sans Dieu et sans foi, nous ne valons pas mieux que lui.

Nous avons mérité d'avoir cet homme comme nous avons mérité l'Empire, comme nous avons mérité tous les gouvernements qui se sont succédé, pendant 80 ans.

Je sais qu'en parlant ainsi je ne plais à aucun parti, mais je pense de certaines choses d'une certaine façon.

Depuis près d'un siècle que la Révolution broie la France et réduit tout en poussière, nous cherchons toujours dans les gouvernements la cause du mal, et nous leur demandons compte des désastres que nos folies ont amenés, sans songer aux désastres que leur pouvoir a empêchés.

Le mal est en nous ; il est chez vous qui me lisez, chez moi qui écris ces lignes. D'abord, en principe supérieur, le mal est dans l'homme ; l'homme est né mauvais.

C'est pour combattre ce mal, pour l'arrêter, l'endiguer, que les hommes ont créé cet ensemble de lois, tout ce système social destiné à refouler les passions, à contenir les appétits, et à maintenir chacun à sa place dans la nation.

Jadis, il y avait le respect de Dieu, et le respect du pouvoir. Il y avait l'autorité du père sur la famille, du maître sur le serviteur, du patron sur les ouvriers.

C'était la forte organisation d'autrefois; celle qui plus ou moins régit les autres peuples; celle qui, sans parvenir à détruire le mal, luttait sans cesse contre lui, et l'empêchait de rompre sa digue...

Quand la Révolution est venue, qui a tout sapé, tout détruit; et alors, les écluses rompues, le torrent démocratique s'est précipité avec furie, la haine et l'envie se sont déchaînées sur le monde, et la France a commencé à rouler vers l'abîme.

Sur cette pente effroyable, différents princes se sont trouvés, qui, les uns après les autres, l'ont arrêtée dans sa chute. Ils y ont apporté leur intelligence, leur caractère, leurs faiblesses ou leurs vices, mais tous nous ont saisis au bord du gouffre, nous ont retenus pendant quelques années jusqu'à une chute nouvelle, et quoi qu'ils aient fait, nous sommes à jamais condamnés à la reconnaissance.

Au lieu donc de toujours demander compte aux gouvernements du mal qui a été fait, il faudrait parfois songer à la quantité de mal qu'ils ont empêché. Ils en ont beaucoup laissé faire, car le mal est en eux comme il est en nous; mais il est vrai de dire qu'ils ont moins failli en exagérant leur principe qu'en s'inspirant des erreurs mêmes de la nation.

Donc, loin de leur jeter l'anathème le jour où ils sont tombés, nous ferions mieux de nous demander comment ils sont venus là ! tous sont venus parce que nous avions besoin d'eux, et, au moment où ils sont venus pour prendre ou accepter le pouvoir, nous sommes tombés à genoux,

parce que nous avions peur et que sans eux nous allions
crouler plus bas !

Le Premier Consul a pris la France au sortir de dix
années de massacres et d'orgies ; les Bourbons se sont
jetés entre elle et l'Europe, pour la sauver d'un démem-
brement ; Louis-Philippe nous a préservés des journées
de Juin pendant 18 ans ; Napoléon III nous a préservés de
la Commune pendant vingt ans.

Et, chose étrange, dès que le prince, saisi de vertige lui-
même, lâchait prise et que la nation croulait plus bas, du
fond de sa misère, ce malheureux peuple à moitié brisé
perdait ce qui lui restait de force à insulter l'homme qui,
pendant quelques années, l'avait soutenu au-dessus du
gouffre.

C'est à cela qu'il a consacré les premiers temps de
chacun de ses désastres, après Waterloo comme au lendemain des ordonnances ; aux journées de Juin comme
après Sedan.

Aujourd'hui, M. Thiers est le dernier de ces souverains ;
car ce n'est pas un Président de République, c'est un
souverain ; souverain que je juge aussi sévèrement qu'aucun de vous, mais dont nous avons besoin comme nous
avons eu besoin des autres, et nous n'aurons le droit de lui
jeter l'anathème que le jour où nous serons meilleurs
que lui.

V

Donc, où est le salut ?

Le salut est en nous ; en nous seuls. C'est en nous qu'il faut combattre le mal, c'est en nous qu'il faut combattre la révolution.

Depuis que la révolution a tout détruit, nous n'avons plus les organes essentiels qui font la vie d'une société. Avant de songer à ramener un prince, il faudrait lui avoir rendu le gouvernement possible. Et, telle est notre destinée, que, jusqu'à ce jour, nous avons pour devoir de combattre en nous-mêmes la révolution, en soutenant au pouvoir le plus illustre des révolutionnaires.

Au point de vue politique, la voie à suivre est toute tracée : laisser là les haines de partis, les récriminations, les espérances vaines, et nous réunir tous en face de l'ennemi commun.

Jusqu'ici la politique nous a perdus. Donc trêve à la politique ; trêve complète, absolue.

Et je n'appelle pas faire de la politique, renverser les hommes de Septembre, car les hommes de Septembre sont des misérables ; ce sont des hommes d'émeute et de révolution qui ont escaladé le pouvoir dans la plus infâme trahison de l'histoire. Ces hommes sont l'opprobre de la France et il ne doit y avoir pour eux ni pitié, ni pardon.

J'appelle faire trêve à la politique demander simplement une chose : l'ordre ; non point l'ordre monarchique, rêvé par certains hommes ; non pas l'ordre avec le désordre, que nous avons aujourd'hui ; mais simplement l'ordre auquel les peuples civilisés ont droit, l'ordre que les dictateurs ont su imposer au lendemain des coups d'État, et que l'Assemblée a le droit d'imposer au nom de la nation.

— Mais, que faut-il entendre par cette trêve, me direz-vous ? C'est le chef du pouvoir qui y manque le premier !... C'est lui qui ose nous dire, que le gouvernement légal, est le gouvernement sorti de l'émeute à l'ombre du drapeau prussien ! C'est lui, qui, au milieu de l'apaisement des esprits, vient sans raison nous jeter ce mot de république, comme pour nous diviser en face même de l'étranger !...

Cela est vrai. Mais, si ce vieillard se laisse égarer par sa passion, ne le suivons pas dans cette voie, et, donnons-lui cette leçon de citoyens plus sages que l'homme qui les gouverne.

— Mais, en attendant, la République est là, devons-nous donc l'accepter ?

La République !... Eh ! croyez-vous que je l'aime ? elle me rappelle toutes nos hontes, et son nom seul me fait horreur. Mais, aucun souverain n'étant possible, que voulez-vous faire ? quand il n'y a pas de prince au pouvoir cela s'appelle forcément la République.

Depuis un an et demi que vous vous agitez follement et que vous agitez la nation à la plus grande joie des révolutionnaires, qu'espérez-vous ? qu'attendez-vous ?

— Nous voulons sauver les principes, et si nous ne pouvons nous entendre sur un roi, nous allons au moins proclamer la monarchie !

Et, qu'est-ce qu'une monarchie sans roi ? Ne faites donc pas rire nos adversaires. Le péril est sérieux. Devenez sérieux vous-mêmes.

Nos principes sont vrais, dites-vous, la foule est imbécile ! Eh oui ! elle est imbécile ; mais on ne discute pas avec elle ;

et en politique, celui qui ne réussit pas, a tort. Tous, vous avez échoué, donc, tous, vous avez eu tort.

Croyez-le, autant que vous j'ai horreur de la République ! mais au lieu de discuter sur le mot, combattons la chose, qui est la démocratie révolutionnaire, et acceptons *momentanément* cette République pour l'arracher des mains des républicains.

L'heure est propice, ne la perdez pas. M. Thiers s'éloigne des radicaux ; il regarde du côté des honnêtes gens ; entourez-le, secondez-le. C'est une occasion à saisir ; n'hésitez pas, car les radicaux le poursuivent ; ils se traînent après lui ; ils ne veulent pas lâcher prise, et vous savez qu'il n'est pas facile de dégoûter de pareils hommes !...

On dit qu'une constitution va être proposée.

Votez tout ce qui ne sera pas contraire à l'ordre et au bien du pays ; mais, pour Dieu, hâtez-vous, unissez-vous afin qu'il ne le demande pas à d'autres.

— Comment ! Voter une constitution républicaine ? manquer à la fidélité que nous devons à nos princes ?

Une constitution ! Eh ! qu'est-ce que cela signifie ? dans notre malheureux pays, avez-vous compté toutes les constitutions que nous avons votées depuis 80 ans ? après un cataclysme c'est le pont qu'on jette sur l'abîme, et qu'un nouveau torrent emporte le lendemain.

Le gouffre est là... et l'étranger à l'horizon ! Est-ce que nous avons le choix ? Est-ce que nous avons le droit d'écouter nos répugnances ?

Jetez ce pont, passez dessus et continuez votre route sans vous soucier de ce que des imbéciles auront écrit sur le poteau.

Le mal en France c'est la manière dont on fait l'opposition :

Nous regardons obstinément celui qui nous gouverne, au lieu de voir où il nous conduit, et alors l'opposition au lieu d'être faite contre les choses est toujours faite contre les hommes ; ce qui donne le droit au pouvoir de ne pas en tenir compte.

Quand on côtoie de pareils abîmes, un chef d'État a le droit de dire : Débarrassez la route de ceux qui cherchent à m'entraver ! mais il n'a pas le droit de faire taire ceux qui cherchent à l'éclairer. Et notre devoir à tous est de lui indiquer les écueils, de lui montrer les obstacles.... jusqu'à ce qu'on le remplace.

Donc, puisque nous ne pouvons remplacer M. Thiers, aidons-le ! Qu'il se sente appuyé par les honnêtes gens. Et alors, au lieu d'user ses forces à se défendre, il pourra se donner au bien du pays. Il pourra achever l'organisation de notre armée, le payement de la rançon. Il pourra relever nos forteresses, perfectionner notre armement..... Enfin au lieu des discordes civiles, ce sera le travail, et le travail c'est le commencement de la régénération.

A l'œuvre les honnêtes gens ! A l'œuvre les hommes de bonne volonté, les citoyens sans parti pris ! à l'œuvre pour construire !

Tout est en ruines ; il faut reprendre l'édifice par sa base. Si, jusqu'ici, nos efforts sont restés stériles, c'est que la division nous a frappés d'impuissance !

Rappelons-nous le récit du livre sacré : Au commencement des âges, les hommes ruisselant encore des eaux du déluge, se dirent : Élevons un édifice qui nous sauve d'un nouveau cataclysme. Mais ils parlaient tous une langue différente ; la confusion régna parmi eux, et la tour ne put s'élever.

Et nous, ruisselant encore du sang de la Commune, nous avons voulu élever une digue contre le retour du fléau ; mais nous aussi nous n'avons pu nous entendre.....

Parlons tous français et nous serons sauvés !

Debout et à l'œuvre! A l'œuvre, sans nous occuper de l'inscription que des imprudents tracent sur des pierres inachevées! Le jour où l'édifice sera fini, nous songerons alors à lui mettre un drapeau.

Mais, par-dessus tout, profitons des leçons de Dieu, et acceptons un châtiment mérité. Nous avons eu l'enivrement d'Iéna et de Friedland, sachons porter Frœschwiller et Sedan ! et avant de parler de revanche sur l'ennemi, prenons d'abord une revanche sur nous-mêmes.

La revanche, c'est de devenir meilleurs.

Au lieu de nous acharner sur la corruption des gouvervements... la revanche, c'est de voir enfin la nôtre.

Au lieu de nous lamenter sur une littérature malsaine, et de jeter l'anathème sur les théâtres du jour... la revanche, c'est de ne plus lire les mauvais livres, et de ne plus courir aux pièces de scandale.

Au lieu de rester toujours les yeux fixés sur le pouvoir, attendant de lui seul et le salut et la régénération... la revanche, c'est de nous dire enfin : Relevons-nous nous-mêmes.

Nous sommes la classe dirigeante : si nous jouissons des priviléges, sachons remplir les devoirs.

Sortons de notre indolence ; faisons taire nos rancunes et nos haines, et, une fois arrachés à nos misérables passions, prêchons par nos discours, par nos écrits et surtout par nos exemples, et le jour où tous nous serons devenus meilleurs, nous aurons enfin un gouvernement digne de nous.

Mais, jusqu'à ce jour, il y a une vérité qu'il est de notre devoir de proclamer : M. Thiers, dans son discours, a dit que c'est à la sagesse du peuple et à l'ordre qui règne dans le pays, que la France doit son salut.

Nous devons protester contre ces paroles : ce qui nous a sauvés, ce n'est ni un politique habile, ni l'équilibre des partis, ni un peuple en démence ; ce qui nous a sauvés, c'est la chose qui est restée debout au milieu de notre abaissement..... et cette chose, c'est l'armée de la France.

L'armée, la grande sacrifiée ! l'armée, qui dans aucune de ses victoires n'a été plus héroïque qu'aujourd'hui. Elle a eu toutes les épreuves et toutes les douleurs : menée au combat par un pouvoir insensé, elle est revenue sauver la patrie. Et alors que nous étions tous livrés à nos haines, elle est rentrée en silence dans ses camps, attendant qu'on vienne la chercher pour mourir, et protégeant ceux-là même qui l'outrageaient hier.

Si elle avait suivi notre exemple, elle serait tombée à l'état des hordes mexicaines ; mais, dans les régions du sacrifice où elle se tient, nos discordes n'ont pu monter jusqu'à elle.

Seule, elle s'est rappelée qu'il y avait une patrie, et, s'inspirant de son illustre chef, on peut dire qu'elle a été l'armée sans peur et sans reproche, et qu'en elle s'est réfugié l'honneur même de la France.

SAINT-GENEST.

Clichy. — Imp. Paul Dupont et Cie, rue du Lac-d'Asnières, 12.